AF232648

CH. MISMER

L'ART

DE

BATTRE LES PRUSSIENS

On n'a plus le courage de dire
la vérité ni la force de l'écouter.
(FLÉCHIER.)

PARIS

LIBRAIRIE UNIVERSELLE DE GODET JEUNE

9, PLACE DES VICTOIRES

Et chez les principaux libraires

50 c. — Franco : 60 c.

1876

L'ART DE BATTRE LES PRUSSIENS

Paris. — Imprimerie Moderne, (Barthier, directeur)
rue J.-J.-Rousseau, 61.

CH. MISMER

L'ART DE
BATTRE LES PRUSSIENS

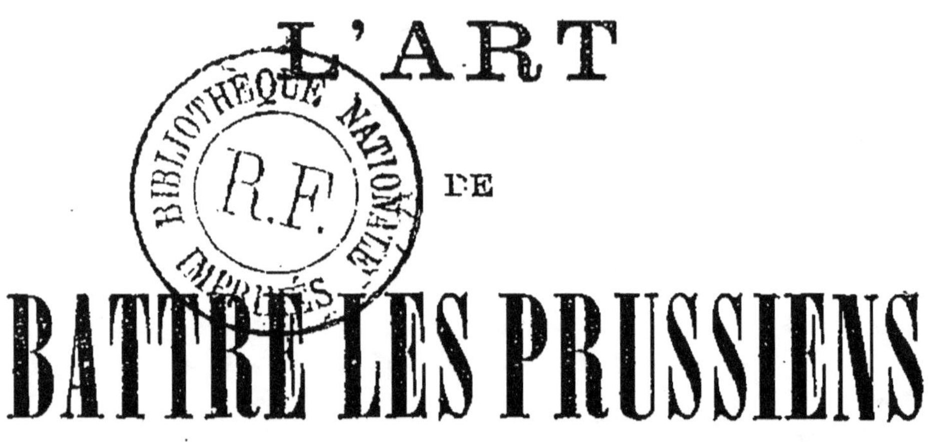

> On n'a plus le courage de dire
> la vérité ni la force de l'écouter.
> (FLÉCHIER.)

PARIS

LIBRAIRIE UNIVERSELLE DE GODET JEUNE

9, PLACE DES VICTOIRES

Et chez les principaux Libraires

—

1876

L'ART

DE

BATTRE LES PRUSSIENS

Au lendemain de la dernière guerre, l'Empereur Guillaume fit cette étrange question à l'envoyé extraordinaire d'une puissance qui le complimentait sur ses victoires : « Savez-vous si la Porte ottomane a reconnu la conquête d'Alger ? »

Comme la réponse fut négative, l'Empereur ajouta : « Si le Sultan tient à recouvrer ses droits sur l'Algérie, sans doute la France ne demandera pas mieux que de s'en dessaisir, moyennant une compensation pécuniaire : la France a besoin d'argent ; jamais elle ne pourra payer cinq milliards ! »

Ce propos authentique dévoile la pensée secrète du vainqueur, et montre que les conditions de la paix avaient été préméditées, de manière à rendre irrémédiable la chute de la France.

La force vitale du pays, admirablement surexcitée par le libérateur du territoire, déjoua ce meurtrier calcul. Mais, que l'occasion se renouvelle, les Prussiens jurent hautement de réparer leur erreur. A les entendre, c'est par quinze ou vingt milliards que se soldera la revanche; la Champagne, la Bourgogne et la Franche-Comté rejoindront en partie l'Alsace-Lorraine.

Venant des bords de la Sprée, ces menaces ne sont point de vaines rodomontades. « La gloire n'est point cotée à la Bourse, » a dit M. de Bismark. En comparant ce mot à cet autre : « La France est assez riche pour payer sa gloire, » on peut mesurer la distance qui sépare le chauvinisme allemand du chauvinisme français.

Malgré les progrès de la science, les

Allemands sont encore les Germains de Tacite, de même que les Français sont toujours les Gaulois de César.

Tandis que nos Gaulois, fidèles à leur caractère traditionnel, usent en querelles de ménage les heures les plus décisives de leur histoire, sans crainte de remettre en scène la fable de l'huître et des plai deurs, les petits-fils des Cimbres et des Teutons, obéissant à l'instinct hérédi taire, qui poussait leurs ancêtres à l'assaut de l'empire romain, n'attendent qu'un prétexte pour consommer définitivement le pillage et la ruine de la France.

Désormais, l'émigration en Amérique est impuissante à détourner le flot allemand de son cours naturel.

Pour sonder les périls d'une nouvelle invasion, il suffit de se demander ce qui adviendrait de la France vaincue et mutilée, avec un gouvernement sans prestige, une armée dissoute, des finances épuisées, la production tarie dans sa source, des classes supérieures convaincues d'ineptie et de trahison, des classes inférieures en proie à la démoralisation et à la colère.

A moins d'une occupation étrangère indéfiniment prolongée, la Commune renaîtrait de ses cendres ; mais, cette fois, rien ne l'empêcherait de devenir générale.

On peut objecter au pessimisme de ces prévisions que l'Europe a besoin de la paix, et qu'elle est fermement résolue à empêcher une conflagration ; on peut faire argument du frein imposé à l'Allemagne par l'Angleterre et la Russie, au printemps dernier ; on peut même invoquer les discours pacifiques, prononcés dans diverses circonstances par l'empereur Guillaume.

Sans mettre en doute la sincérité de ces manifestations, il convient de distinguer entre la volonté des hommes et la force des choses.

Qu'importe que les hommes soient à la paix, si les choses sont à la guerre ?

Qu'importent les déclarations pacifiques des souverains et de leurs ministres, quand toutes les forces vives des nations sont employées en préparatifs militaires; quand trois millions de soldats, entretenus au prix d'une dépense annuelle de sept milliards, sans compter les réserves, attendent, sous les armes, le signal de s'entre-égorger?

Tant qu'un traité solennel, sanctionné par un désarmement général, n'aura pas substitué un nouvel équilibre à celui de 1815, que la guerre a violemment détruit, la paix reste à la merci d'un accident.

Les causes de conflit ne manquent point.

L'Allemagne, marchant vers son unité, est semblable à un corps en mouvement, en vertu d'une loi physique, supérieure à la puissance humaine; c'est tout au plus si elle peut lui faire obstacle. Mais, tôt ou tard, l'obstacle disparaît, et la loi suit son cours. L'Europe, qui n'a pas su endiguer le ruisseau prussien, pourra-t-elle s'opposer, en toute circonstance, au débordement du fleuve germanique? La question d'Orient, telle qu'elle se pose aujourd'hui, réclamant d'urgence une solution, ne fournira-t-elle pas à l'Allemagne l'occasion, qu'elle recherche, de combattre la France isolément?

Tenant compte de l'ensemble des faits et des symptômes, il faudrait être aveugle pour ne point voir que l'enjeu de la prochaine guerre sera l'existence même de la France.

Dès lors, aucun sujet n'est plus digne d'intéresser le patriotisme français que l'art de battre les Prussiens.

Lorsque le prince Frédéric-Charles composa le célèbre opuscule, intitulé *l'Art de battre les Français*, sa tâche était simple relativement. Nulle question politique, morale ou sociale, ne venant compliquer le problème militaire, il put se renfermer dans son rôle de tacticien et de stratége.

En Allemagne, le sentiment patriotique prime tous les sentiments, l'intérêt patriotique prime tous les intérêts; la nation entière est comme un régiment dont les rumeurs se taisent à la voix du tambour.

A quoi sert d'entretenir des illusions?

Quelles que soient les divisions allemandes, elles ne tiennent point devant l'exécration du Gaulois. Personne ne pactise avec l'ennemi héréditaire (Erbfeind). Jamais souricière ne fut plus hermétiquement fermée que la capitale de la France durant l'investissement; preuve que, dans cette masse d'ennemis, nous n'avions pas un ami, pas même un traître à notre service. Ce sont les Bavarois catholiques qui ont porté les plus rudes coups à l'armée française dans les combats. A l'heure de la paix, les libéraux se montrèrent plus intraitables que les hoberaux, et, comme pour montrer que l'instruction n'est pas la civilisation, les savants d'outre-Rhin, oubliant que la science n'a point de patrie, fournirent des arguments à la haine et prêchèrent l'extermination du vaincu.

Si le même patriotisme étroit et jaloux

prévalait en France, l'art de battre les Prussiens se réduirait à une question d'art militaire. Cet art n'est pas à inventer; il est vieux comme le monde; il consiste finalement à opposer à une force connue une force supérieure, à proportionner la longueur et la puissance des leviers à la nature et au poids des obstacles à vaincre.

Les principes de la concurrence commerciale et industrielle régissent la guerre. A la guerre, comme en toutes choses, le triomphe appartient à celui qui fait mieux, plus vite et à meilleur marché. L'expérience acquise, devenue science, permet de décomposer le problème militaire et d'appliquer à chacun de ses éléments une solution mathématique.

Les champs du possible ne sont limités que par l'absence complète de ressources. Tel n'est point le cas de la France.

Les moyens d'exécution ne lui font pas défaut : elle a les hommes, elle a l'argent. Le temps même n'a pas manqué. Le gouvernement de la défense nationale ayant pu, dans les circonstances les plus difficiles, mettre en campagne une armée de plus d'un million d'hommes, en moins de quatre mois, cinq années de paix intérieure et extérieure devaient largement suffire à la complète réorganisation des forces militaires.

Suivant un principe qu'il n'y a rien de fait, tant qu'il reste quelque chose à faire, on peut affirmer, d'accord avec les hommes compétents de toute l'Europe, que la réforme de l'armée française ne correspond ni à la profondeur des désastres passés ni à l'étendue des périls futurs.

Pour dominer les circonstances, il eût fallu reconstruire à neuf tout l'édifice national, en vertu d'un plan d'ensemble, comme firent les Prussiens en 1807, et en tenant compte de la différence des temps. L'effondrement complet de l'ancienne armée et l'impuissance reconnue de la centralisation française semblaient interdire une autre alternative.

Au fond des plus cruels malheurs, il y a toujours une compensation; celle de la France permettait, après la guerre, de tailler en plein drap.

L'accroissement du budget scolaire et la refonte des méthodes d'enseignement sont reconnus partout comme étant la base d'une sérieuse réforme militaire. En effet, la guerre moderne exige un déploiement d'intelligence, d'énergie morale et de puissance animale que peut seule procurer une virile éducation. Il s'agit de tout un système d'entraînement qui ne saurait commencer trop tôt. Les peuples-modèles se servent de l'école pour obtenir l'amélioration physique de la race, en même temps que son développement mental. L'hygiène et la gymnastique sont obligatoires, au même titre que la géographie et le calcul. La lutte pour l'existence trouve tout le monde armé.

L'uniforme seul crée une distinction entre le soldat et le citoyen. La discipline militaire n'est jamais au détriment de la discipline nationale. Ainsi la patrie, invulnérable au dehors, n'a point à redouter à l'intérieur le joug des prétoriens.

Ce salutaire exemple a été dédaigné par les législateurs français,

Le bon sens public a vu avec stupeur la résurrection de l'ancien appareil militaire. Malgré les tronçons rejoints, les fissures bouchées, des rapiécetages et des raccommodages plus ou moins habiles, quelques réelles améliorations, jurant avec l'ensemble, on découvre la faiblesse sous la force apparente, et, sous le masque de la jeunesse, on aperçoit la routine séculaire.

On concède volontiers que l'armée actuelle est supérieure à celle de l'Empire. Mais là n'est pas la question. La question est de savoir si le pays peut compter sur le succès dans une lutte mortelle qui décidera de son avenir.

Ceux dont le patriotisme ne doute de rien, ou qui laissent à la sagesse divine le soin de suppléer à l'impéritie humaine, ne craindront pas de répondre affirmativement. On ne cherchera point à les dissuader. Cet écrit s'adresse aux hommes positifs, habitués à ne tenir compte que des chiffres et des faits, capables d'entendre la vérité sans crier au Prussien. Les considérations suivantes s'imposent à leur attention.

En cas de guerre, très-peu de jours suffisent aux Allemands pour mettre en ligne des centaines de mille hommes parfaitement armés, exercés et pourvus de tous les approvisionnements nécessaires. La possession de l'Alsace-Lorraine mettant leurs avant-postes à soixante-dix lieues de Paris, un véritable ouragan de cavalerie, amassé sur la rive gauche du Rhin, s'abattrait aussitôt sur les départements limitrophes, détruisant les lignes de communication et empêchant la levée des réserves.

Pour contre-balancer la navrante infériorité de sa situation stratégique, et n'être point taillée en pièces avant d'avoir combattu, il faudrait que la France pût mobiliser, pour ainsi dire instantanément, toutes ses forces, et disputer vigoureusement l'offensive.

L'offensive est aujourd'hui la condition *sine quâ non* du succès à la guerre. S'agissant de combattre des masses avec des masses, c'est le cas d'appliquer le précepte que rien ne doit être laissé au hasard de ce qu'on peut lui enlever par prévoyance et par calcul. Celui qui attaque a d'abord l'avantage de déconcerter l'ennemi et de lui imposer ses plans, de voir toujours clair et de frapper à coup sûr, quand l'autre s'agite dans les ténèbres et le vide.

Le système de mobilisation adopté ne permet pas de lutter de vitesse avec les Prussiens. En outre, l'effectif de l'armée française est loin d'égaler, même sur le papier, celui des troupes allemandes. Beaucoup d'hommes n'ont jamais servi, les autres n'ont qu'une superficielle instruction militaire.

Réunir ces éléments en un faisceau compact et solide dev' une œuvre longue, quand on r ncée à poursuivre

2

d'urgence avec franchise et résolution. D'après les supputations les plus optimistes, la réorganisation de l'armée française exige au moins dix ans pour produire tous ses effets.

Dix ans! Mais à une époque de crise historique comme la nôtre, où les heures comptent pour des siècles, où nulle prévision humaine ne dépasse le lendemain, qui donc garantirait dix ans au bon plaisir de la France?

Que la guerre éclate au printemps, selon la logique des causes en mouvement, l'armée française, surprise en pleine mobilisation, aura toutes les peines du monde à réunir ses membres épars.

C'est alors que se révèleront, comme en 1870, les inconvénients des demi-mesures et que l'on regrettera, mais il sera trop tard, de n'avoir point créé de toutes pièces un organisme militaire, simple de mouvement et facile d'entretien, au lieu de cette lourde machine dont les complications et les artifices défient tout contrôle.

La confiance serait plus grande, si les leçons de la dernière guerre recevaient, dans les détails, une large application. Il n'en est rien, et la moindre observation permet de saisir en flagrant délit l'ancienne routine.

Prenons pour exemple la cavalerie.

En voyant nos armées toujours surprises, les débris de Wissembourg et de Reichshoffen traqués à perte de souffle jusqu'au cœur de la France par quelques cavaliers, une ville populeuse, comme Nancy, enlevée par quatre uhlans, les hommes les plus étrangers aux choses militaires comprirent que l'expérience de la guerre d'Amérique et de la campagne de Bohême n'avait rien appris à nos généraux, et qu'ils ne savaient pas se servir de la cavalerie pour s'éclairer et se couvrir. Cette critique se retrouve dans tous les écrits sur la dernière guerre.

Depuis lors, la cavalerie a fait de notables progrès, pas assez grands toutefois pour combler l'écart entre le service de garnison et le service de campagne,

En campagne, la cavalerie mange et se repose quand elle peut; nul ordre, nulle régularité dans son existence; l'imprévu s'impose à ses prévisions; l'anormal constitue son état normal. Au besoin, elle doit remplacer ses chevaux garrottés ou fourbus par les premiers venus qu'elle trouve sur son chemin, et remplir son service coûte que coûte. C'est la pratique américaine, adoptée par les Allemands.

Une telle éducation ne s'improvise point. Si la garnison n'a pas le soin d'y pourvoir, le passage du pied de paix sur le pied de guerre se manifeste avec tous les désordes qu'entraîne un changement subit.

Loin de porter au *maximum* la puissance et la résistance des hommes et des chevaux, un système, qui sacrifie toute spontanéité à l'ordre méticuleux, ne peut que les transformer en machines et affaiblir leur naturelle rusticité. Sous la présidence de M. Thiers, on rencontrait, à toute heure, des troupes isolées, battant les chemins et les bois des environs de

Paris. Soit intention, soit hasard ironique, ces fructueux exercices ont disparu le lendemain même de la proclamation du gouvernement de combat.

Ainsi, l'art de surprendre, sans être surpris, reste étranger à la cavalerie française, l'instruction théorique manquant d'une sanction pratique en temps de paix. Cette sanction consiste dans la suppression du tableau de travail, qui condamne officiers et soldats à se mouvoir dans un cadre tracé d'avance, sous prétexte qu'il faut manger la soupe à l'heure, et dans la substitution des courses à travers monts et bois aux solennelles évolutions du Champs de Mars.

Le point touché n'est pas le seul où perce l'insuffisance du progrès.

En apprenant que chaque homme tué, pendant la dernière guerre, l'a été au prix de douze cents coups de fusil ou de trois cent-soixante coups de canon, devant un si piètre résultat, en regard d'une si grande dépense, force est de conclure que les soldats ne savent pas tirer.

C'est à tort que le préjugé commun, se fondant sur l'opinion du maréchal Bugeaud, attribue au caractère national l'impassible tir et la solidité au feu des Anglais. Les marins de la garde jouissaient de la même réputation à la grande armée ; réputation que leurs héritiers ont vaillamment soutenue à Sébastopol et pendant la dernière guerre, grâce à un entraînement supérieur, applicable au reste de l'armée.

Après cet exemple, point n'est besoin d'invoquer celui du plus poltron des animaux, le lièvre, auquel on apprend à tirer avec calme, pour prouver que le tempérament n'a rien à faire en un sujet où l'éducation peut tout.

On tire plus dans les régiments qu'autrefois, mais pas assez pour rendre redoutable chaque coup de feu. Les munitions sont chères, et le temps fait défaut : voilà les raisons alléguées ; elles sont absurdes simplement. Nul exercice n'est capable de disputer le temps au tir à la cible. Quelles que soient ses autres qualités, un mauvais tireur est un mauvais soldat, perdant la tête à la moindre alerte, aussi prompt à la débandade qu'à l'assaut. Il est inutile d'inventer des armes à longue portée, si l'on n'apprend pas à s'en servir; il est cruel d'arracher des jeunes gens à leurs familles pour les envoyer à la mort comme des moutons inoffensifs. Quant à la dépense, il n'en est point de plus sacrée : mieux vaut payer des cartouches que des plumets; d'ailleurs, le seul moyen d'éviter le gaspillage des munitions, en temps de guerre, consiste à les prodiguer en temps de paix.

Sans parler des guêtres et du shako, qui font de l'infanterie française une des plus mal coiffées et des plus mal chaussées, ni de l'uniforme, dont le luxe indigent et la frivolité contrastent avec les rudes et sérieux devoirs du soldat, ni de la tente-abri, qui semble confondre la France où les habitations se touchent, avec les déserts de l'Afrique, on pourrait citer beaucoup d'autres points où la routine a conservé son empire, depuis les menus détails jusqu'à la composition de l'état-major et de l'intendance, jusqu'aux bureaux mêmes du ministère de la guerre.

Une telle critique, poussée à fond, serait aussi pénible à l'écrivain qu'au lecteur. Les étrangers, amis ou ennemis, ne se privent point de la faire. En France même, l'opinion est fixée.

L'armée surtout, pour nous servir d'une locution militaire, sait bien où le bât la blesse, et quand on demande aux officiers de tout grade ce qu'ils augurent de l'avenir, ils répondent unanimement : « Il en est de l'armée comme de la nation ; l'une et l'autre seraient pleines de confiance, s'il se trouvait des hommes capables d'utiliser leur dévouement. »

Les généraux actuels sont-ils à la hauteur des circonstances ?

Pour répondre à cette question, il n'est pas nécessaire de se livrer à des comparaisons désobligeantes ; il suffit de prendre acte de ce fait, que les généraux, placés à la tête des corps d'armée, figurent tous parmi les vaincus de la dernière guerre, parmi ceux dont la responsabilité eût été plus ou moins mise en cause, si la défaite de la France avait été éclaircie, comme celle de la Prusse, après Iéna.

A ce propos, il est permis de s'étonner que la loi, qui rend passible d'un jugement le capitaine d'un vaisseau naufragé, ne s'étende pas au général qui perd une bataille, ni au commandant de place qui capitule. Puisque la victoire, même fortuite, donne droit à l'honneur, n'est-il pas juste que la défaite honteuse soit flétrie? Arrière cette théorie de bas-Empire : qu'il est des circonstances où la capitulation s'impose pour épargner le sang des soldats!

Certes, l'exemple est rare et digne de mémoire
De trouver dans la fuite un chemin à la gloire. (1)

(1) Le 4 décembre 1757, avant la bataille de Leuthen, Fréderic II, roi de Prusse, se trouvait dans une situation désespérée. Tandis qu'il luttait contre les Français et les Impériaux, le

Un peuple capable d'accepter de telles raisons, trouvant trop héroïque le devoir que Corneille prescrit au soldat, serait mûr pour la domination étrangère. Vaincre ou mourir : telle est la devise que les

prince Charles de Lorraine avait conquis Schweidnitz, battu le duc de Bevern et enlevé Breslau. Tous ses approvisionnements de guerre étaient perdus : il ne restait plus qu'à déposer les armes. Frédéric réunit les officiers supérieurs de son armée et leur parla en ces termes : « Tenez-vous le pour dit : j'attaquerai, contre toutes les règles de l'art, partout où je la rencontrerai, l'armée du prince Charles, *trois fois plus forte que la mienne....* Il faut que je risque ce pas, ou tout est perdu ; il faut que nous battions l'ennemi, ou que nous nous fassions tous enterrer sous ses batteries. Ainsi je pense, ainsi j'agirai. Faites connaître ma résolution à tous les officiers de l'armée ; préparez les soldats aux événements qui suivront bientôt, et annoncez-leur que je compte absolument sur leur obéissance. Si l'un ou l'autre a peur de partager avec moi tous les dangers, il peut se retirer aujourd'hui même sans encourir le moindre reproche...

« ... Le régiment de cavalerie qui, sur mon ordre, ne tombera pas à corps perdu sur l'en-

Romains appliquèrent à la conquête du monde et au salut de la République dans les périls extrêmes; il n'en est point d'autre pour une nation jalouse de son existence. Aujourd'hui, comme au temps de Brennus, la loi de la guerre crie : Malheur aux vaincus!

Sans doute, nos généraux n'ont pas la responsabilité de la déclaration de guerre, ni de l'insuffisance des préparatifs ni de l'éparpillement de l'armée. Tous ces préliminaires sont, ainsi que la catastrophe finale, à la charge exclusive de l'Empereur et de ses familiers.

nemi, sera démonté après la bataille et relégué dans une garnison ; le bataillon d'infanterie qui fera mine de broncher, dans quelque situation qu'il se trouve, perdra ses drapeaux et ses sabres, et je lui ferai couper les basques de son uniforme. Maintenant, portez-vous bien, Messieurs, sous peu de jours nous aurons battu l'ennemi, ou nous ne nous reverrons jamais plus. »

Il convenait d'opposer l'exemple de Frédéric II aux apologistes de la capitulation de Sedan.

Les précautions contre les surprises, le choix du champ de bataille, le judicieux emploi des forces, la fière contenance dans la retraite, la survivance du commandement aux désastres mêmes : voilà, quand la victoire semble impossible, le *criterium* de la capacité militaire.

Moreau en Allemagne et en Italie, Masséna à Gênes, Kléber à Heliopolis, Ney dans la retraite de Moscou, Changarnier dans celle de Constantine, pour ne citer que les traits les plus connus, ont montré le parti que les véritables hommes de guerre savent tirer des situations en apparence les plus désespérées.

En exceptant Chanzy sur la Loire, Faidherbe dans le Nord, et quelques généraux de l'armée de Metz, qui ont conservé jusqu'au bout le respect de leurs troupes, il en est peu, parmi les chefs de 1870, dont la réputation ait survécu au naufrage général.

L'extermination de la Commune a mis en relief quelques noms; mais la gloire de la guerre civile ne compense pas l'absence de gloire au dehors. Puis, la preuve n'a-t-elle pas été faite, il y a vingt ans, que mitrailler le boulevard Montmartre et prendre Sébastopol sont besognes différentes?

On dira que nos généraux ont été malheureux ; qu'ils seront plus heureux une autre fois. Cette raison serait admissible, si la guerre était un pur jeu de hasard, soumis à la veine et à la déveine. En tant que jeu, la guerre n'est comparable qu'aux échecs, où le gain de la partie est assuré d'avance au calculateur le plus profond, au plus habile tactitien.

La bravoure même n'est que secondaire. Tout le monde est brave. Le bœuf aussi est brave ; raison de plus pour se précipiter sur l'épée tendue du matador. Pour le soldat, la bravoure écervelée ne vaut pas le sang-froid dans les manœuvres, la justesse du tir et la résistance aux fatigues. En ce temps, où la guerre réclame plus de science que de force, un général, fût-il un Bayard, s'il n'est pas un homme général, dans le sens que les anciens attachaient à ce mot, n'a plus rien à espérer de la victoire.

Certes, les généraux qui ne savaient pas l'art de la guerre, il y a six ans, ont eu le temps de l'étudier depuis. Mais, outre qu'il est physiologiquement démontré que, passé certain âge, l'homme le [plus progressiste n'apprend plus rien et se refuse à toute innovation, on peut craindre que les soucis de l'état de siége avec son cortége de mesures vexatoires, qui font de l'armée le bouc émissaire des mauvais gouvernements, ne fassent perdre de vue la tâche plus enviable de reconquérir l'intégrité de la patrie ou tout au moins de la préserver contre de nouveaux outrages.

Ceux qui aiment à reconnaître dans l'armée la plus haute incarnation de toutes les vertus patriotiques, trouvent que c'est une chose malheureuse, que l'immixtion des chefs militaires dans la politique, au risque de paraître servir les intérêts et les rancunes du parti dominant. S'il y a des surveillances policières à exercer, des journaux à censurer, des criminels à juger et à exécuter, voire même des statues à renverser, il y a pour cela des spécialistes dénombrés dans les recoins du budget. Ce rôle ne convient point à des hommes voués par état au suprême honneur de mourir pour leur pays.

L'état de siége est un détestable expédient, plus propre à former des artisans de guerre civile que des stratégistes ; c'est, pour les armées victorieuses, une école de coups d'Etat, et de *pronunciamientos* à la mode d'Espagne, pour celles dont la défaite a terni le prestige.

Les invocations au bon Dieu, qui se multiplient dans les ordres du jour à l'armée, ne sauraient être non plus sans préjudice pour la science militaire.

Un général, plein de foi dans l'eau de Lourdes et le Sacré-Cœur, ne cultive ni les mêmes principes ni la même logique que celui dont le cerveau est réfractaire au surnaturel. L'un consacre à l'étude de son art les facultés que l'autre épuise en

élucubrations mystiques. Mais, les exor-
cismes ne prévalent point contre la mi-
traille. Le général *aide-toi!* battra toujours le général *le ciel t'aidera!* En consé-
quence, rien n'est plus alarmant, au point
de vue de la sécurité nationale, que les
cuirassiers prédicants et les généraux
confits en dévotion. Ce trait vise la piété
sincère et respectable, non l'hypocrisie :
Tartufe en uniforme étant au-dessous de
la critique.

Dans ses *Rêveries*, le maréchal de Saxe
signale un moyen infaillible d'apprécier
la valeur d'une armée. Il ne s'agit point
de la passer en revue, ni même de la
voir ; il suffit de visiter ses bivouacs après
le départ. Ce sont de fiers soldats, fière-
ment commandés, ceux qui ne laissent
rien traîner en arrière ; les musées de
l'ennemi ne se pareront point de leurs
drapeaux ! Par contre, lorsque le sol est
jonché d'effets et de débris de toutes sortes, on est à la piste d'une cohue, non
d'une armée. « Attaquez-la sans crainte ! »
dit le Maréchal. L'aspect des camps,

après les grandes manœuvres, a démontré combien les préoccupations politiques
ou religieuses, en distrayant les militaires du culte de leur art, sont dommagea-
bles à la constitution d'une armée française, telle que la rêvait, il y a cent ans,
le vainqueur de Fontenoy et de Lawfeld.

Pourtant, si la France n'est pas en état
de se défendre avec succès contre des
éventualités redoutables, la faute n'en est
pas aux généraux, dont le niveau intellectuel et moral dépasse d'ordinaire la
hiérarchie civile, ni aux soldats, disposés
à vendre chèrement leur vie, ni à la nation, prête à tous les sacrifices, mais à
des causes profondes qu'il est temps de
mettre en lumière. Aussi bien, tout le
monde comprend que l'*Art de battre les
Prussiens* est un art complexe, et que la
solution du problème militaire est liée à
la solution du problème national.

Un rapide examen des circonstances,
qui ont présidé à la formation et au développement de la crise actuelle, devient
nécessaire pour permettre au lecteur

d'apprécier les suggestions contenues dans ce travail.

Jusqu'à l'Empire, la France posséda deux institutions foncièrement nationales : son armée et sa magistrature, honorables entre toutes. L'homme de Décembre les ayant détachées du pays pour les prendre à son service, l'arbitraire s'infiltra dans la justice et les mœurs prétoriennes envahirent l'armée.

Mais tout se paye dans ce monde : les commissions mixtes portèrent à la considération de la magistrature une atteinte dont elle souffre encore ; quant à l'armée, sa participation au coup d'Etat la vouait à Sedan. Il est, en effet, d'observation historique que les armées terribles à leurs compatriotes finissent toujours par capituler devant l'ennemi ; c'est ainsi qu'après avoir servi d'instrument au despotismes, elles en deviennent fatalement les victimes.

Ajoutons qu'en dépit des apparences

contraires, la masse de l'armée ne fut jamais acquise à l'empire. La sélection la plus ombrageuse et la plus exclusive ne parvint pas à éliminer l'opposition dynastique de l'état-major général. Un des chefs de l'armée fit preuve de la plus rare indépendance, en s'élevant, en plein Sénat, contre une loi de proscription. Plus d'un officier refusa sa part de butin dans une expédition lointaine, qui semblait n'avoir été entreprise, tant elle était contraire à l'intérêt de la France, que pour garnir de quelques chinoiseries les étagères de l'Impératrice.

La discipline comprima les sentiments de l'armée jusqu'au jour où le dernier plébiscite leva ce qu'Alfred de Vigny appelle « le masque de fer du prisonnier inconnu. » Alors des régiments entiers répondirent par un Non significatif au cri de détresse de l'Empire expirant.

Mais le mal était fait. L'Empire avait eu le temps de préparer le triomphe des Prussiens et des jésuites, ces pires ennemis de la France, en corrompant les

sources de sa moralité et de sa virilité.

Dès le premier jour de son règne,
quand il mit la main sur la Banque, Napoléon III encourut la flétrissure conte-
nue dans cette parole de Cicéron sur
César : « Pour lui Rome est une proie et
non une patrie. »

Cicéron avait dit de ce même César :
« Il n'est entouré que de ces hommes
sans scrupule auxquels la tyrannie et la
licence peuvent seules fournir une place. »
Qu'eût-il dit en voyant l'entourage de Napoléon III ?

Contrairement à la loi, qui réserve la
dignité de maréchal de France aux généraux, ayant commandé en chef devant
l'ennemi, trois divisionnaires, les plus
décriés de l'armée, reçurent le bâton,
symbole de la victoire honorable et glo-
rieuse, pour leur complicité au guet-apens
nocturne. Un colonel fut nommé général,
un lieutenant-colonel fut nommé colonel,
au mépris de cette même loi qui exige un
intervalle de temps entre chaque grade.

On compta comme actions d'éclat : à l'un d'avoir forcé nuitamment les portes de l'Assemblée, de concert avec la police ; à l'autre, d'avoir rendu des services d'une nature plus délicate. Morny, sans épithète, devint grand-croix de la Légion d'honneur, de simple chevalier qu'il était.

Une fois entré dans cette voie, il est impossible de s'arrêter. Le même scandale s'étendit à toutes les carrières. Les faveurs et les passe-droits devinrent la règle, et la règle, protectrice du travail et du mérite, devint l'exception. Le culte d'un homme — quel homme ! — remplaça le culte de la patrie.

Un célèbre pamphlétaire avait écrit sous la Restauration : « La vertu semble avoir des bornes, Caton et Washington montrent où peut s'élever le plus beau, le plus noble des tous les sentiments, l'amour du pays et de la liberté. Au-dessus on ne voit rien. Mais le dernier degré de bassesse n'est pas connu. » Nous l'avons touché de près sous le second Empire !

Pendant dix-huit ans, que dura ce régime, la France fut semblable à un lac profondément remué : tout ce qui était limpide alla au fond ou s'écoula au dehors ; tout ce qui était bourbeux monta à la surface. Ce fut l'Empire des mangeurs et des viveurs. Guizot avait dit aux Français : « Enrichissez-vous ! » « Jouissez ! » leur cria l'Empire ; et il prêcha d'exemple.

Il y eut des exceptions à l'abdication générale et ce fut la consolation et l'espoir de la France de voir surnager quelques caractères. Parmi ceux-là, les exilés seuls tinrent bon jusqu'au bout, sûrs que l'Empire s'abîmerait dans la honte, mais craignant qu'il n'entrainât la France avec lui.

Quelques-uns, parmi ceux qui restèrent, à force d'attendre des jours meilleurs, finirent par se lasser. Le spectacle de l'orgie triomphante les pénétra lentement, et quand on leur fit signe de mordre à la curée, ils se hâtèrent de réparer le temps perdu.

Jusqu'aux irréconciliables qui prêtèrent serment de fidélité au violateur de tous les serments ! C'est alors que l'on put appliquer aux classes dirigeantes ce que Lafontaine a dit des animaux malades de la peste : « Ils n'en mouraient pas tous, mais tous étaient frappés. »

Aussi, quand l'ennemi parut, il ne trouva pour défendre la patrie française, à part le dévouement individuel et partiel, qu'un simulacre d'Empire, un simulacre d'armée, un simulacre de nation.

Mais, si la corruption explique la chute de la France, elle ne saurait motiver l'insuffisance de ses tentatives de relèvement.

En allant droit au fond des choses, on trouve que, depuis cinq ans, l'intérêt patriotique a été constamment sacrifié à l'intérêt clérical, par les législateurs et les gouvernants ; sous prétexte de restaurer l'ordre moral, ils ont livré la France pieds et poings liés aux Jésuites.

Chose digne de méditation ! Tandis que les trônes s'écroulaient, que les familles royales se consumaient dans l'exil, que la noblesse achevait de perdre sa fortune et son prestige, que toutes les couches sociales étaient profondément révolutionnées, que la patrie même subissait l'invasion et le démembrement périodiques de ses frontières, lentement, sournoisement, dans l'ombre et le silence les jésuites se préparaient à venger leurs défaites et à reconquérir la domination. Leur ambition fut singulièrement favorisée par les Bonapartes.

Quand le premier signa le Concordat, les couvents étaient transformés en casernes, les églises en écuries, et les biens du clergé, vendus à vil prix, étaient tombés aux mains des futurs conservateurs ; il n'y avait plus de religion en France, et peu de gens en avaient souci.

« Hommes noirs d'où sortez-vous? » demandait le chansonnier. La France peut dire d'où ils sortent; elle sait ce qu'il en coûte de faire casser « une petite fiole » sur la tête d'un empereur et de donner au prince impérial un pape pour parrain.

Aujourd'hui, les hommes noirs disposent de tout et de tous; ils règnent et gouvernent. Le coup d'Etat, qui a proclamé l'infaillibilité, les a rendus maîtres de l'Église. Le coup d'État, qui a renversé M. Thiers, les a rendus maître de la France. Depuis la Révolution, ils ont amassé d'immenses richesses, que la munificence des fidèles augmente incessamment.

Déjà la certitude du triomphe les dispense de l'humilité.

« Il faut que la France marche !» Pour accentuer cet insolent défi, la colline de Montmartre supportera la revanche de Loyola contre Voltaire, et le *libéral* Laboulaye remettra aux congrégations le monopole de l'Université, impatient d'ajouter au Sedan militaire, issu de sa collaboration au plébiscite, un Sedan intellectuel.

Plus d'une fois, on s'est demandé si le gouvernement deviendrait une succursale de la curie romaine, et si le général des Jésuites aurait le commandement des armées de la France.

Pour réaliser ce programme, il suffit que les principaux chefs de l'Etat soient dirigés par leurs confesseurs ou, indirectement, par ceux de leurs femmes. On s'étonnerait moins de certains discours et de certains actes, si l'on en connaissait les secrets mobiles.

Ce vieillard, qui donne un démenti public aux opinions de toute sa vie, cet homme honorable qui tend la main à cet homme taré, ce député infidèle à son mandat, ce ministre qui gouverne contre son propre gouvernement : autant de pantins reliés par un fil au jésuite caché dans les coulisses. Qui sait l'influence que certain jésuite a exercée sur son frère, le ministre de combat, et sur le sort de la France ?

Toujours les hommes au pouvoir s'imaginent qu'en favorisant l'Eglise, elle les protégera de son influence spirituelle et de sa puissante hiérarchie. Cette erreur a perdu l'Empire et achèverait de perdre le pays, si l'on ne prenait soin de la dissiper.

L'Eglise ne se considère point comme

liée par un traité solennel ; encore moins par un accord tacite. Elle ne connaît point les contrats synallagmatiques. Les engagements, que la force des choses lui arrache, elle les élude ou les rompt, selon qu'elle ose. Que sont devenues les libertés de l'Eglise gallicane ? Que reste-t-il du Concordat ?

L'Eglise n'est dévouée qu'à l'Eglise. Prendre de toutes mains sans rien donner à personne : telle est sa constante politique. Son intérêt permanent dicte ses préférences passagères. Impatiente de reconquérir la domination universelle, elle ne s'attarde point à secourir ses alliés hors de combat ; elle les traite comme des chevaux de relai qu'on abandonne sur la route, dès qu'ils sont hors d'haleine. N'a-t-elle pas pour maxime : la fin justifie les moyens ? Pourvu qu'elle y trouve son compte, peu lui importe de sacrer Napoléon Ier, de chanter le *Te Deum* sur les massacres de Décembre et de bénir, dans l'entre-temps, les arbres de la Liberté. Ses roses d'or vont d'Isabelle de

Bourbon à Eugénie de Montijo. Le denier de Saint-Pierre combat, dans la personne du légitime don Carlos, l'illégitime don Alphonse, filleul du Pape.

Loin de fortifier les gouvernements, l'Eglise les accable de son impopularité. Immuable et immobile, en travers du mouvement qui entraîne toutes choses, son rôle est celui d'une cinquième roue au char de l'Etat. Elle a cessé d'être chrétienne à force d'être catholique ; elle a répudié l'Evangile de paix de son fondateur pour prêcher l'anathème et la guerre ; elle a ressuscité dans son culte extérieur toutes les insanités du paganisme ; elle a érigé un prêtre en vice-Dieu et accordé aux sentences d'un octogénaire un brevet d'infaillibilité ; elle prétend faire des miracles, en un siècle où la science seule est en puissance de miracles ; enfin, elle pousse à ce point l'exagération de son principe qu'elle présente à l'observation une forme particulière de l'aliénation mentale, relevant de la pathologie plus que de la controverse.

Une telle religion, malgré les services qu'elle a rendus dans les siècles barbares, alors qu'elle constituait l'unique sauvegarde du pauvre et du faible contre la violence et les exactions, est un habit trop étroit pour l'actuelle humanité ; ce n'est même plus un habit : c'est une camisole de force qu'elle brisera violemment, si l'on s'obstine à la lui imposer.

On ne peut juger d'un arbre que par ses fruits.

Quand la statistique dressera le bilan mental et moral des religions existantes, elle établira sur des faits et des chiffres certains leur supériorité relative. Chacune prendra sa place, selon le degré de prospérité individuelle et sociale qui s'en dégage, selon le contingent qu'elle fournit à la dépravation, au crime et à la folie. Y a-t-il moins de perturbateurs sociaux parmi les catholiques, que parmi les protestants, les juifs, les musulmans et les libres-penseurs ? L'Espagne et les républiques espagnoles, l'Irlande, la France même, depuis qu'elle est retombée sous le joug des jésuites, sont-elles plus heureuses que la Suisse, la Hollande, l'Angleterre et les Etats-Unis ? La morale catholique, jugée sur ses manifestations officielles, est-elle supérieure à la morale indépendante ? La vertu d'un Littré est-elle inférieure à celle d'un Veuillot ou d'un Dupanloup ? Questions que l'on se contente de poser, laissant à la conscience publique le soin d'y répondre.

Un fait paraît hors de doute, c'est que l'Eglise romaine, après avoir rempli une fonction d'ordre aussi longtemps que son dogme jouissait d'un empire incontesté, n'est plus, depuis qu'elle a perdu le pouvoir temporel, qu'une secte militante, en révolte contre la société laïque, un instrument de trouble et d'anarchie. Sur ce point, les hommes d'Etat étrangers sont d'accord avec les patriotes français : ceux-ci pensent que la réaction cléricale et ultramontaine est un obstacle au relèvement de la France ; Gladstone, Castelar, le Président Grant, etc., ont tour à tour signalé le jésuistisme intransigeant, armé du *Syllabus* et de l'infaillibilité, comme le plus dangereux ennemi de la paix intérieure et extérieure des nations.

On dira : pourquoi cette digression ?

N'était-elle pas nécessaire pour expliquer la disette d'hommes, dont souffre la France, et le chaos où s'agitent ses destinées ?

Ne fallait-il pas remonter à la source de cette monstrueuse coalition, qui a renversé le gouvernement réparateur de M. Thiers, proclamé un gouvernement de combat contre la majorité des Français, divisé la nation en deux camps ennemis et fait de la guerre intestine le prologue ou l'épilogue de la guerre étrangère ?

Du moins, comprendra-t-on maintenant que l'art de battre les Prussiens n'ait qu'une importance secondaire sous un régime dont la folle ambition consiste à battre les radicaux et les libres-penseurs; c'est-à-dire tous les hommes qui se sont affranchis de la théocratie catholique, la trouvant inconciliable avec la raison humaine et la science de ce siècle, la justice et le patriotisme ?

En effet, si l'école n'est pas le laboratoire de la guerre ; si la gymnastique, le maniement des armes et le tir à la cible ne sont pas enseignés dans tous les villages ; si le service militaire n'est pas franchement obligatoire ; si l'exonération subsiste sous le déguisement du volontariat ; si les sous-officiers sont exclus des écoles spéciales, où l'on fabrique les les officiers ; si, au mépris des exigences pratiques de la guerre, l'uniforme a conservé les bigarrures de la parade ; si la nourriture du soldat et la solde des officiers subalternes restent au-dessous du nécessaire ; si les réservistes ne trouvent pas, comme en Allemagne, leur équipement et leur armement sous la main, et s'il leur faut, en cas de subite mobilisation, courir d'un bout à l'autre du territoire pour rejoindre les corps ; si leurs familles pauvres sont à la merci des bureaux de bienfaisance, au lieu de recevoir une allocation budgétaire ; si la comptabilité n'a pas été simplifiée ; si l'intendance n'a pas été supprimée ; si l'état-major n'a pas été réformé ; si l'école supérieure de la guerre n'a pas été créée ; si des chefs jeunes et pleins d'initiative, dévoués à la science et au progrès, n'ont pas remplacé ceux que de glorieuses fatigues désignent au repos ; en un mot, si dans l'ordre militaire, comme dans l'ordre administratif et gouvernemental, la réaction remplace l'action, c'est parce que, il importe de le crier sur les toits, aujourd'hui, comme en 1792, pour une certaine classe d'hommes, qui préfèrent leur idéal politique ou religieux à la patrie, les Français sont plus dangereux que les Prussiens !

Mais la situation est bien plus compliquée qu'en 1792.

Que pouvaient alors contre la nation entière, bourgeois, prolétaires et manants, affamés de justice et fiévreux de patriotisme, une royauté sans force et sans prestige, une noblesse avilie, un clergé sans lumières, sans mœurs et sans foi?

D'un seul coup de rein, la France se débarrassa de ces parasites. Le débordement formidable du progrès snbmergea les ennemis du dedans, alliés aux ennemis du dehors, vérifiant à la lettre cette parole de l'Ecriture : « Je n'ai fait que passer, ils n'étaient déjà plus! »

Si les Titans de la Révolution et tous ceux qui sont morts, en combattant le grand combat pour l'affranchissement de l'humanité, pouvaient renaître à la vie, certes ils ne reconnaîtraient pas dans la France actuelle, où les Jésuites ont retrouvé le Paraguay, la grande initiatrice des peuples. Mais quelle ne serait pas leur douleur en voyant, dans les rangs reformés et démesurément grossis de leurs adversaires d'autrefois, les petits-fils des sans-culottes de la commune de Paris et des va-nu-pieds de Mayence, plus fanatiques que le clergé, plus aristocrates que la noblesse, plus royalistes que le roi, maudissant la Révolution qui, en les faisant hommes, d'animaux qu'ils étaient, les a sauvés des coups de bâton de l'ancien régime, et pourvus à jamais de souliers et de culottes !

Que la royauté et l'aristocratie s'entendent avec le clergé pour reconquérir le droit à l'exploitation des masses, rien de plus naturel. Dans tout le cours de l'histoire, nous retrouvons ces inséparables complices, Les uns prenaient les corps, les autres prenaient les âmes ; ensemble, ils se partageaient la terre et l'argent.

Ce qui dépasse la raison, c'est que les représentants de l'ancien régime comptent aujourd'hui toute une armée sous leur drapeau soi-disant conservateur.

Ce mot de conservateur est devenu le cri de ralliement des intérêts les plus disparates.

Le tribunal, qui vend la justice au lieu de la rendre ; l'Église, qui tient boutique de sacrements ; le couvent, qui déprave l'homme ; la caserne, qui l'abrutit ; la prison, qui en fait un criminel ou un fou ; l'échafaud, qui le tue pour dispenser la société de lui apprendre à vivre ; la Bourse, qui draîne l'épargne de l'ouvrier et du paysan; le fisc, qui prélève sur le nécessaire l'impôt que devrait payer le superflu; tous les priviléges, tous les monopoles, tous les abus, toutes les superstitions, toutes les impuissances, tous les appétits fainéants, ont contracté, sous le nom de grand parti conservateur, une sorte d'assurance mutuelle contre la science et la justice. C'est de ce parti que Proudhon disait : « Ceux qui épuisent le pays et qui l'assassinent, on les appelle conservateurs. »

Au fond, les conservateurs sont des cléricaux, de même que les cléricaux sont des jésuites.

La crainte du spectre rouge et du péril social, la haine des idées et du mouvement, ont produit cet étrange phénomène du scepticisme bavard et pusillanime demandant protection à l'Eglise, dont la forte organisation et la sévère discipline lui semblent des garanties contre la marée montante du progrès. La même couardise le poussera demain dans les bras de l'Empire.

Heureusement qu'en perdant le sens moral, les renégats du peuple ont aussi perdu l'intelligence et la virilité. Si, du moins, ils agissaient en vertu d'un programme capable d'assurer le triomphe de leurs intérêts, à défaut de la cause nationale; mais une idée fixe ne vaut pas un plan. Dire : « Il faut que la France marche ! » ne suffit point. Le peuple veut savoir où l'on prétend le conduire, et quand il n'obtient que des réponses sans logique, sans clarté et sans probité, il pressent l'abîme et se défie.

En outre, rien n'est plus propre à le démoraliser que le mauvais exemple venant d'en haut. Trois années *d'ordre moral* ont prouvé que les honnêtes gens ne sont pas nécessairement des gens honnêtes, pas plus que le machiavélisme impudent, sanctifié par les restrictions mentales des casuistes, ne constitue l'austérité politique. Ce qui ferait le deshonneur d'un simple particulier : le mensonge, la violation

de la parole et du serment, le marchan-
dage des opinions et des votes, le trafic
des consciences est ouvertement, cyni-
quement pratiqué parmi les hommes publics. Toute l'Europe s'est émue le jour
où il a été constaté qu'entre un premier
ministre et un faussaire, il n'y avait que
l'épaisseur d'un préfet.

Comment un tel scandale n'agirait-il
pas sur le peuple?

Comment les délinquants et les criminels se montreraient-ils plus soucieux de
la morale et des lois que les législateurs
et les gouvernants?

Si l'esprit sectaire n'était pas exclusif
de l'esprit patriotique, les hommes au
pouvoir auraient la notion de la place ré-
duite, que la France occupe dans le
monde, et qui ne peut que diminuer sous
l'étreinte de la concurrence étrangère;
ils emploieraient à resserrer le faisceau
national l'acharnement qu'ils mettent à
le briser. Se souvenant de cette parole de
Bismarck : « Ce n'est pas par des discours
parlementaires et les votes des majorités,

mais par le fer et le feu que se résoudront les grandes questions du temps, » ils entasseraient du feu et du fer pour la défense de la patrie menacée.

Mais il n'y a pires sourds que ceux qui ne veulent rien entendre. Nos *conservateurs* iront donc jusqu'au bout, semant le vent pour récolter la tempête.

A force de provoquer leurs adversaires au combat, ces suicides finiront par les réunir contre eux en masses compactes et résolues. La religion des mariages et des enterrements civils ne tardera point à s'élever contre la religion du *Syllabus*.

L'issue de la lutte n'est pas douteuse. Semblable au char de Jagernaut, le progrès humain écrase tout ce qui obstrue son passage : les nations aussi bien que les individus. Comme homme, nous pouvons répondre de l'avenir; mais il n'en est pas de même en tant que Français. Désormais, toute crise intérieure met en péril l'unité nationale.

Si la France venait à subir les déchirement de l'Espagne, à la place du mouvement organique, qui caractérise la vie, elle ne connaîtrait plus que cette espèce de mouvement, postérieur à la mort, que la science désigne sous le nom d'agitation cadavérique.

Par une de ces miséricordes, que le hasard ne refuse jamais à qui lui a beaucoup sacrifié, la France sera bientôt, pour la dernière fois peut-être, maîtresse absolue de son sort. Déjà la nomination du Sénat lui a permis de doubler heureusement le principal écueil du *Cap des Tempétes.*

Les élections générales seront décisives : sincèrement républicaines, elles faciliteront toutes les réformes, d'où dépend l'avenir de la patrie ; conservatrices, dans le sens clérical et ultramontain, elles achèveront de la dissoudre dans une véritable anarchie intellectuelle et morale, avant-coureur de la guerre civile et de l'invasion.

Comme au temps du plébiscite, la situation est d'une émouvante simplicité ; au lieu d'une réponse par oui ou par non, le choix entre deux catégories d'hommes, radicalement opposés, tranchera le débat entre le progrès et la réaction, entre la théocratie et la science, entre la République et l'Empire; car, en l'état de discrédit où sont tombés les partis monarchiques et avec le suffrage universel, si la République succombe, «l'Empire est fait!»

Plus d'un Claude attend dans une alcôve l'heure d'entrer en scène aux acclamations des conservateurs.

Que ceux qui ont des doutes sur l'importance de la crise électorale et sur la solution qu'elle comporte, étouffent la voix des passions et tendent l'oreille par delà la frontière, où commence l'impartialité. Les hommes politiques et les hommes d'Etat de tous les pays intéressés à la conservation de la France, sont loin de partager pour les radicaux et ceux qui, sans être des radicaux, travaillent à leur avénement, les feintes appréhensions d'un ministre atrabilaire. Ce qu'ils redoutent par-dessus tout, dans l'intérêt de la paix générale, intimement liée à l'ordre en rance, c'est le triomphe du jésuitisme, allié au bonapartisme, et de tous ceux qui, sans être des bonapartistes ou des jésuites sont les instruments de la réaction cléricale et césarienne. Ils conseillent d'écarter du scrutin tous les candidats qui, ayant leur centre d'attraction à l'étranger, brûlent de sacrifier la France au rétablissement du pouvoir temporel des papes et à la restauration d'une dynastie subversive.

Ce jugement de l'Europe est d'autant plus digne de considération que, dans sa lutte contre la théocratie romaine, Bismarck est le champion de la science et du progrès ; ce qui lui vaut le support de tous les libres esprits, en Europe et dans le monde entier.

L'obstination dans une politique contraire vouerait la France à de stériles amitiés ou à l'isolement complet.

Si la République l'emporte, dans les nouvelles Assemblées, avant de songer à la revanche militaire, elle s'empressera d'enlever aux nations étrangères le monopole des meilleures idées de la Révolution française, dont elles ont fait la base de leur développement, à mesure que nous les avons répudiées.

Une justice gratuite, rendue par une magistrature élective, garantira l'égalité devant la loi.

Les députés infidèles à leur mandat seront révocables en tout temps, et les fonctionnaires publics deviendront les serviteurs de la nation au lieu d'être ses maîtres.

La décentralisation administrative et la décentralisation du suffrage universel, en établissant une hiérarchie nécessaire entre l'individu et l'Etat, en renfermant dans les limites de leur compétence les droits du peuple et du gouvernement, en appliquant à la politique le principe industriel de la division du travail et du partage des responsabilités, établiront sur des bases inébranlables l'ordre intérieur.

Au dehors, les intérêts et la dignité de la France seront défendus par un contrôle plus effectif et un recrutement moins arbitraire du personnel, contre les surprises et les bévues de la diplomatie.

L'Art de battre les Prussiens sortira du domaine de la spéculation, grâce à deux réformes essentielles : l'instruction gratuite, obligatoire et scientifique, seule propre à faire rapidement d'un animal humain un homme, et d'un homme un soldat; la séparation complète des Eglises et de l'Etat, indispensable à la discipline civile et militaire.

Il n'est pas inutile d'insister sur ces deux points et de les fortifier de quelques raisons décisives.

L'Etat, incarnation de l'unité nationale, a des droits et des devoirs positifs, qui n'ont rien de commun avec les dogmes et les croyances. Son premier devoir est de veiller à sa propre conservation; son premier droit, d'exiger de chaque individu et de chaque association d'individus, religieuse ou politique, l'obéissance aux lois et le culte de la patrie, le seul qui admette à la même communion les croyants, les sceptiques et les athées.

Qu'il y ait des églises, des temples et des synagogues, comme il y a des pharmacies allopathiques et homéopathiques, peu importe à l'Etat, pourvu qu'il n'en résulte aucun trouble social.

Que des prêtres, en concurrence de foi, se disputent la clientèle du public, à la façon des anciens philosophes, l'Etat n'a point à les salarier ni à les privilégier; encore moins doit-il contraindre la foule à remplir leurs offices. Dans un pays partagé entre plusieurs sectes et miné par le scepticisme, toute tentative pour favoriser une croyance, aux dépens des autres, provoque à la dissolution de l'Etat. Quelle anarchie, si des Ministres passagers voulaient tour à tour imposer à la nation entière leur religion personnelle !

La laïcité de l'Etat est l'axe de la politique moderne; sans compter que la suppression du budget des cultes profite à l'instruction publique.

L'instruction du peuple n'a plus besoin d'être défendue. La lutte pour l'existence, loi commune aux nations et aux individus, tend à s'exercer de plus en plus sur le terrain scientifique. La guerre même, qui est un legs de l'état sauvage, dédaigne les armes des sauvages et emprunte à la science ses instruments les plus raffinés, ses plus géniales conceptions. Jamais le mot de Bacon : « *Knowledge is power* » n'a été plus vrai qu'en notre temps. La puissance appartient à qui possède la science.

A un autre point de vue, la statistique condamne absolument l'ignorance comme étant la seule cause irréductible de tous les maux dont souffre l'humanité. Un savant criminel est un phénomène tellement rare qu'il est permis de le suspecter. Par contre, l'ignorant est un fauve, toujours prêt à se comporter, au milieu de la civilisation, comme nos ancêtres de l'âge de pierre ou nos contemporains des îles Fidji. Pour élever un pareil être à la dignité d'homme et le détourner de la malfaisance, une religion, quelle qu'elle soit, est moins efficace que l'instruction.

Ce n'est pas tout : une observation attentive et profonde des échelons intermédiaires entre le crime et la vertu permet de formuler la loi d'un parallélisme exact entre la science et la morale positives.

Depuis longtemps, le bon sens des masses est d'accord avec la philosophie pour contester à la société le droit de punir les criminels, alors qu'elle néglige de tarir les sources mêmes du crime, en plaçant à la portée de tous, à défaut de biens matériels, l'héritage mental et moral de l'humanité. L'Eglise même, après avoir fondé sa domination sur l'ignorance, revendique le rôle d'éducatrice du peuple, depuis qu'elle a compris qu'en l'instruisant d'une certaine manière, elle l'asservirait bien mieux.

Reste à savoir si *la manière d'instruire*, propre à l'Eglise, convient à l'Etat.

L'Etat a besoin d'hommes sains, vigoureux, issus d'un croisement judicieux, préparés par la gymnastique et une robuste hygiène à tous les devoirs sociaux, instruits dans tout ce que réclame la concurrence internationale dans la guerre comme dans la paix.

L'Eglise professe le mépris de l'enveloppe matérielle de l'homme. Ce mot de saint Paul : « Qui me débarrassera de mon misérable corps? » semble gouverner ses programmes d'enseignement. En outre, l'Eglise, aspirant à supplanter l'Etat, s'efforce de transformer en sujets de l'Eglise tous les citoyens.

Poursuivant des buts contradictoires, l'Eglise et l'Etat ne sauraient employer des moyens identiques. D'un côté la science, de l'autre la foi ; l'une enseigne à croire, l'autre à savoir ; celle-ci est économe du temps, celle-là le gaspille ; ici, les faits sont présentés tels quels, avec leurs conséquences logiques ; là, la logique est faussée par des principes arbitraires et des faits travestis ; bref, la science développe le jugement, ce régulateur suprême de l'intelligence et de la conduite ; la foi le bistourne et l'atrophie.

Que penser de l'instruction selon la foi, lorsque le plus illustre des prélats français, le Bossuet de l'Eglise actuelle, moins le caractère (Bossuet n'eût point fait amende honorable entre les mains des Jésuites, après avoir hautement affirmé que le dogme du pape infaillible était la négation de la raison humaine et de tout progrès), s'est exposé aux sarcasmes du monde savant, en rééditant la fable de l'incendie de la bibliothèque d'Alexandrie par Omar? Passe encore qu'il ne sache pas l'histoire profane; mais, en confondant, dans une lettre publique, la fosse aux lions du prophète Daniel avec certaine fournaise, il a montré qu'il ne savait même pas l'Histoire sainte.

La liberté de l'enseignement équivaut, pour l'Eglise, à la liberté de combattre l'Etat avec les armes mêmes qui doivent le défendre; elle constitue un dissolvant de plus pour l'intelligence et le patriotisme français.

Ceux qui ont livré l'enseignement aux Jésuites, sous prétexte que la liberté ne souffre point d'exception, se récrieraient si M. de Bismarck établissait en France des écoles, en vue de germaniser la jeunesse. Pourtant, au point de vue patriotique, on peut se demander si l'invasion prussienne est plus redoutable que la domination ultramontaine.

Ce n'est pas que l'Université soit à plaindre d'avoir été sacrifiée à l'Eglise. Du moins, l'Eglise a des principes, une règle, un but. L'Université, assemblage de fonctionnaires à la solde de l'Etat, sans nulle indépendance, se fait gloire d'une sorte de libéralisme éclectique qui n'est que l'art de s'accommoder de tous les régimes et de participer au budget de tous les gouvernements.

La situation de la France est imputable en partie à l'Université. Son scepticisme dogmatique a formé ces générations contemptrices de la morale et de tous les sentiments généreux, ces hommes ni chair ni poisson, ces politiques sans scrupules, ces classes dirigeantes, incapables de diriger, ces fruits secs diplômés, qui paralysent tous les rouages de l'Etat, ces renégats de toutes les causes, ces rhéteurs gonflés de vent, ces pourvoyeurs d'une littérature, d'un théâtre et d'un journal, où l'ennemi suit d'un œil cruel les marques de notre décadence. (1)

Pour élever le caractère de l'Université à la hauteur de son savoir, et lui permettre d'opposer l'enseignement national à la propagande ultramontaine, il est urgent d'assurer à chacun de ses membres une situation d'indépendance, égale à celle dont jouit la magistrature, et au corps entier une complète autonomie.

Les victoires de la Prusse sur l'Autriche et la France sont justement attribuées aux éducateurs de la jeunesse. Aussi jouissent-ils au delà du Rhin d'une légitime considération et d'une équitable rétribution de leurs services. En France, l'instituteur est moins payé et moins respecté que le gendarme ; le représentant de la science est à la merci du représentant de la foi ; le père de famille est le domestique du curé célibataire.

(1) « La nation qui lit le *Figaro*. » Ce mot est devenu un lieu commun dans la bouche des étrangers.

Cette anomalie doit cesser. Il faut augmenter le savoir de l'instituteur et grandir sa position. Au point de vue national, la fonction de l'instituteur est plus sacrée que celle du prêtre : celui-ci conquiert des âmes pour le ciel et des sujets au Pape ; l'autre prépare les citoyens et les défenseurs de l'Etat.

L'intelligence du peuple, rebelle aux abstractions, n'admettra jamais la supériorité de la science sur la foi, tant qu'elle pourra comparer le luxe et la majesté des temples à l'indigence des écoles.

Les magnifiques collections du Museum, égarées dans les corridors d'une baraque, lui semblent moins respectables que les oripeaux des figurantes dans un Opéra qui a coûté cinquante millions. On est embarrassé, dit-on, de trouver une destination aux Tuileries. Que ce palais serve de protestation contre l'église du Sacré-Cœur ; qu'il devienne l'asile de la science, comme le Louvre est l'asile des arts. La science est la naturelle héritière des rois et des dieux.

Exclure les jésuites des écoles, opposer l'enseignement national à l'enseignement ultramontain ne suffirait pas, si l'on ne réformait les méthodes d'enseignement. Celles de l'ancienne scolastique, en usage dans l'Université, correspondent à une société d'aristocrates, de gens d'Église et de rentiers. A notre époque, où la fortune se conserve plus difficilement qu'elle ne s'acquiert, l'instruction est, pour tout le monde, un gagne-pain ; elle doit porter sur la substance plus que sur la forme et poursuivre d'abord un but positif et pratique.

Que vaut, à ce point de vue, un système d'enseignement qui place la grammaire, une des branches de la philosophie, au début des études, effleure à peine les sciences physiques et chimiques, dédaigne la connaissance du corps humain, proscrit l'histoire naturelle, se montre incapable de dégager la morale de l'histoire, sacrifie les langues vivantes aux langues mortes, et classe le dessin, instrument de travail par excellence, qui , judicieusement appliqué, centuple les forces de la mémoire, parmi les arts d'agrément?

L'expérience démontre qu'en remplaçant, par des méthodes conformes au développement naturel et historique, celles de la routine, on peut faire des savants en moins de temps qu'il n'en faut pour l'éclosion d'un bachelier.

En France, l'édifice scolaire est incomplet: il manque un étage entre l'enseignement primaire et le lycée. L'enfant du pauvre se trouve, au sortir de l'école du village, en face d'un horizon intellectuel sévèrement borné. Au lieu de lui ouvrir les portes d'une école secondaire où il trouverait, à proximité et sans frais, le complément d'instruction que réclament ses facultés en éveil, on le replonge dans la misère ténébreuse avec juste assez de lumières pour discerner l'injustice sociale. C'est ainsi qu'en comprimant l'essor du talent, du génie même, on les pousse à la révolte et au crime.

Dans un Etat scientifiquement organisé, il y aurait une gradation entre les écoles,

les unes servant aux autres de couronnement. Seuls, les premiers sujets des écoles inférieures auraient droit de passer dans les écoles supérieures, indépendamment de la fortune et de la naissance.

En dépit des soins et des frais, beaucoup de fils de famille ne sont propres qu'à garder les moutons; l'infirmité de leur esprit les accompagne dans toutes les carrières. Par contre, la nature accorde à des fils de bergers l'intelligence des penseurs et des gouvernants.

Que l'on compare à nos classes dirigeantes les hommes d'Etat de la Suisse et des Etats-Unis d'Amérique, tous fils de prolétaires, incapables de renier leur origine, pour savoir qui l'emporte des anciennes ou des nouvelles couches, dans la connaissance des affaires, la rectitude de conduite et l'amour du bien public.

En réglant la hiérarchie sociale sur la hiérarchie mentale, en facilitant à chacun l'accès de sa véritable place, la France aurait double profit : d'une part elle utiliserait d'immenses forces qui luttent fatalement contre son repos; d'autre part, elle s'épargnerait les révolutions et les catastrophes qu'entraîne le gouvernement de l'ignorance et de l'imbécillité.

Toutefois, la réforme de l'enseignement ne porterait pas tous ses fruits, si la femme n'en devait point profiter.

En l'état actuel de la civilisation, il y a rupture d'équilibre entre le cerveau féminin et le cerveau masculin. D'un côté, l'action domine, de l'autre, la réaction.

Au physique, la femme moderne tend à devenir un être artificiel, un paquet de nerfs, en proie à mille souffrances, inconnues des siècles passés. Déjà elle devient incapable d'allaiter ses enfants, et, si l'on n'y prend garde, bientôt elle sera incapable d'en avoir. Comme être moral, elle est embarquée dans la vie sans lest ni boussole, avec une imagination peuplée de fantômes et toutes sortes de vagues désirs. La femme retourne vers le mysticisme, tandis que l'homme est entraîné vers le positivisme.

L'homme, instruit par l'expérience et

la réflexion, trouve dans la sanction des causes par leurs effets, la norme de sa conduite ; il peut se passer de religion.

A défaut de savoir positif, une foi quelconque est nécessaire à la femme ; le scepticisme est tout à fait incompatible avec son tempérament. Encore la science qui range, au nombre des phénomènes hystériques, le voluptueux délire de sainte Thérèse et les lubriques incantations de Marie Alacoque, lui offre-t-elle moins d'attraits que l'Eglise avec ses pardons et ses béatifications.

Amoureuse de l'idéal, la femme n'en trouve nulle part que dans l'Eglise. Dans une société, où le vice fastueux éclabousse la vertu sans dot, l'Eglise enrôle parmi ses filles de la charité, admirable institution dont elle se sert comme d'une cuirasse pour détourner les coups de ses ennemis, les natures féminines les plus délicates, les plus généreuses et les plus dignes. Quant aux autres, quelles que soient les traverses de leur vie, tôt ou tard elles aboutissent au confessionnal, à moins qu'elles ne s'adonnent au spiritisme ou à la cartomancie.

C'est par la femme que la théocratie a gouverné le monde; c'est par la femme qu'elle aspire à le gouverner de nouveau.

La réforme de l'enseignement, en éliminant les choses frivoles et dangereuses dont les programmes sont encombrés, en remplaçant le douteux et le faux par la connaissance du vrai, en relevant de l'actuelle déchéance non seulement les déshéritées de la fortune, auxquelles l'ignorance ne laisse point d'autre alternative que l'héroïsme ou la dépravation, mais ces patriciennes décolletées, qui donnent aux réunions du grand monde l'aspect d'un bazar d'odalisques, ne tarderait pas à arracher la femme à l'influence ultramontaine au profit de la patrie française; en outre, elle assurerait le bien-être, la moralité et la dignité de sa vie, en augmentant sa valeur aux yeux de l'homme.

Déjà, chez les peuples avancés, le sort de la femme dépend moins de sa fortune que de son aptitude à compléter le couple humain, à remplir sa fonction naturelle de génératrice, de nourricière et d'éducatrice, d'épouse et de mère.

L'avenir, selon la science, appartient surtout à la femme. Au lieu de traiter la femme comme la femelle de l'homme, un instrument de luxe et de plaisir, un passe-temps babillard, la science proclame qu'elle est le souverain arbitre de l'ordre et du progrès. Tant vaut la femme, tant vaut l'homme qui gravite dans son orbite. La femme est un stimulant ou un étouffoir pour les peuples comme pour les individus. Elle est la régulatrice du goût, la policière des mœurs, la conscience de la famille et de la société. Que d'actions viles et basses se commettent, en plein jour, que la femme pourrait empêcher! Que de vertus et d'héroïsme se consument misérablement que la femme pourrait tourner à l'avantage de l'humanité!

Au fond, la grandeur et la décadence des nations se peuvent mesurer sur la grandeur et la décadence de la femme.

Au point de vue de ce travail, la question de l'instruction de la femme a une importance capitale. Nul sacrifice ne doit coûter à la France pour doter la femme d'une instruction positive, embrassant tout le savoir humain. L'instruction de l'homme ne profite qu'à lui-même; celle de la femme s'étend sur toute sa postérité.

La revanche morale, prélude indispensable d'une revanche militaire, est aux mains de la femme; seule, elle est capable d'arracher les nouvelles générations au scepticisme, de leur inspirer le respect des choses respectables, le culte de la justice et l'amour de la patrie, inséparable d'une haine profonde pour tout ce qui menace ses destinées.

Ce serait l'honneur des femmes de France de sauvegarder l'unité nationale, en étouffant dans ses germes le jésuitisme et le césarisme, facteurs prédestinés d'une nouvelle révolution et d'une quatrième invasion.

En résumé, *l'Art de battre les Prussiens* est subordonné à des réformes radicales dans les mœurs et le gouvernement de la France. A cette condition, d'autant plus facile à remplir qu'il ne s'agit pas d'innover, mais de s'assimiler au plus vite les progrès accomplis par les autres nations, la France ne tarderait pas à reconquérir dans le monde la place qui lui appartient et qu'elle n'aurait jamais dû perdre.

Il est de bon ton de s'élever contre le radicalisme, comme si, pour une nation qui a traversé « l'année terrible », il pouvait y avoir quelque chose de plus épouvantable que le retour des mêmes calamités!

Ne vaudrait-il pas mieux se demander quels sont les vrais conservateurs : ceux qui travaillent à conserver la France en sacrifiant la routine, ou ceux qui conservent la routine en sacrifiant la France?

Le radicalisme scientifique ne doit être confondu ni avec les hallucinations des songe-creux, ni avec la logomachie des clubs, ni avec les appétits brutaux *et* malhonnêtes, ni avec la destruction stupide et gratuite.

Insensés ceux qui déracinent l'ordre établi, si précaire qu'il soit, sans avoir la certitude de le remplacer par quelque chose de meilleur !

Les véritables hommes d'Etat, ceux dont les œuvres survivent, sont à la fois conservateurs et radicaux : radicaux aussi loin que la science théorique, sanctionnée par l'expérience pratique, permettent d'aller à coup sûr; au-delà, conservateurs; réactionnaires, jamais!

Qui veut la fin veut les moyens.

Les moyens ordinaires ne conviennent point aux circonstances extraordinaires.

Aux heures critiques, lorsqu'il s'agit de prévenir une révolution, ou tout autre péril social, par une évolution rapide, les mesures les plus radicales sont les meilleures, pourvu qu'elles soient conformes à la science, aux temps et aux lieux.

Tous les bienfaiteurs de l'humanité étaient des radicaux, à commencer par

Hercule, qui détourna un fleuve pour nettoyer l'étable d'Augias.

La France, en butte aux factions rétrogrades, a été justement comparée à un vaisseau rongé par les termites. Une première fois, elle a sombré en pleine bataille, moins sous le canon de l'ennemi que par les ravages des insectes.

On a pu la remettre à flot, réparer ses brèches extérieures, changer son gouvernail ; on pourra placer à son bord les machines les plus puissantes et le plus formidable armement, lui confier les soldats les plus héroïques et les plus savants capitaines : tant qu'on n'aura pas reconstitué sa charpente et renouvelé ses œuvres vives, rien n'assure contre une dernière catastrophe.

Passy, 12 février 1876.

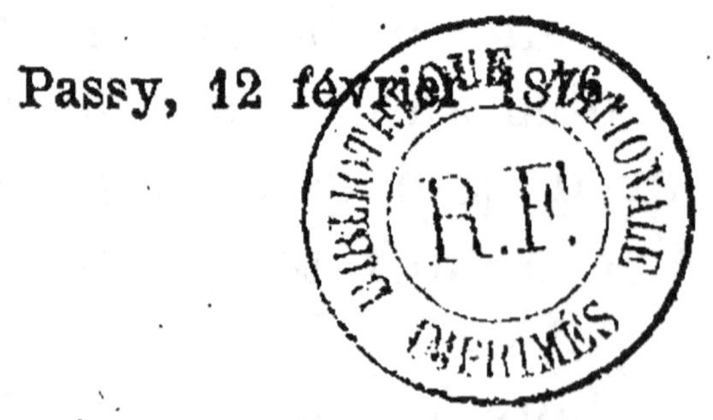

Paris. — Imp. Moderne (Barthier, Dr), rue J.-J. Rousseau 64.